中华爱国人物故事

ZHONGHUA AIGUO RENWU GUSHI

伟大的浪漫主义诗人李白

山 牧 刘晓 编著

吉林人民出版社

图书在版编目(CIP)数据

伟大的浪漫主义诗人李白 / 山牧, 刘晓编著. -- 长春 : 吉林人民出版社, 2011.5

(中华爱国人物故事)

ISBN 978-7-206-07882-8

Ⅰ. ①伟… Ⅱ. ①山… ②刘… Ⅲ. ①李白(701～762) - 生平事迹 Ⅳ. ①K825.6

中国版本图书馆CIP数据核字(2011)第075807号

伟大的浪漫主义诗人李白

WEIDA DE LANGMAN ZHUYI SHIREN LI BAI

编　　著：山　牧　刘　晓

责任编辑：王一莉　程世博　　　封面设计：七　洱

吉林人民出版社出版 发行（长春市人民大街7548号　邮政编码：130022）

印　　刷：鸿鹄(唐山)印务有限公司

开　　本：670mm×950mm　　1/16

印　　张：8　　　　字　　数：70千字

标准书号：ISBN 978-7-206-07882-8

版　　次：2012年5月第1版　　印　　次：2023年6月第4次印刷

定　　价：35.00元

总　序

胡维革

《中华爱国人物故事》是一套故事丛书。它汇集了我国历史上80位古圣先贤、民族英雄、志士仁人、革命领袖、先进模范人物的生动感人史迹，表现了作为中华民族优秀传统的伟大的爱国主义精神。

爱国主义是人们对于“生于斯、长于斯、衣食于斯”的祖国的一种神圣感情，是人们对于自己民族的一种强烈的责任感和使命感，是感召和激励整个中华民族的一面永不褪色的旗帜。在漫长的历史上，爱国主义一直激励着中华儿女为祖国的独立、统一、进步和繁荣而英勇奋斗。从伟大的思想家教育家孔子到统一全国的千古一帝秦始皇，从秉笔直书著《史记》的司马迁到鞠躬尽瘁死而后已的诸葛亮，从伟大的浪漫主义诗人李白到精忠报国的民族英雄岳飞，从七下西洋传播友谊的郑和到抗击倭寇的民族英雄戚继光，从苟利国家生死以的林则徐到为变法流血的第一人谭嗣同，从威震敌胆的抗联将军杨靖宇到人民音乐家聂耳与冼星海，从踏遍青山人未老的李四光到万婴之母林巧稚，从县委书记的好榜样焦裕禄到情系雪域献身高原的孔繁森……都表现出了强烈的爱国主义精神。正是由于热爱祖国的人们前仆后继地奋斗，国家和民族才得以生存，历经一次次历史危急关头而能转危为安，走向兴盛和富强，从而屹立于世界民族之林。爱国主义是鼓舞中华儿女历经忧患、跨越沧桑、百折不挠、自强不息的伟大力量，它贯穿于中华民族的整个历史，并有力地凝聚着五洲四海的中国人。

爱国主义是一个历史的范畴，在社会发展的不同阶段、不同时期有着不同的具体内容。革命时期，需要我们为祖国的独立自主出生入死；建设时期，需要我们为祖国的繁荣富强增砖添瓦；在全国各族人民团结一心建设富强、民主、文明、和谐的社会主义现代化国家的今天，我们要争做一名新时期的爱国者。新时期的爱国者要有强烈的民族自尊心和自豪感。民族自尊心和自豪感是任何时期任何爱国者都必须具备的情感。民族自尊心能增强我们自立向上的恒心，民族自豪感能树立我们建设祖国的信心。要树立“祖国高于一切”的崇高信念，为了祖国和人民的利益不惜抛却个人的利益，甚至不惜牺牲个人的生命。要树立终身学习的理念，拓宽自己的知识面，广泛吸收新知识新技术，完善自身的知识结构，更新学习知识的方法与理念，从思想上、知识上充分武装自己，为祖国的繁荣昌盛贡献力量。

爱国主义思想的继承和发扬，是关系到民族盛衰、国家兴亡的根本问题。一代代人爱国主义思想情操的形成，需要不断地培养。培养爱国主义的一个重要途径是向爱国主义的英雄人物和典范事迹学习。这套丛书的出版，对于人们向英雄和先进人物学习，特别是对于在中小学生中进行爱国主义教育，将可提供一些生动的教材。祝愿此书出版发行成功，为培养“四有”新人做出贡献。

于2011年4月23日

世界读书日

编　委　会

目录
CONTENTS

◎ 012　巴山蜀水养育一代诗魂

◎ 026　仗剑远游万里皆是家园

◎ 042　醉卧长安难酬报国雄心

◎ 058　珠联璧合辉映祖国诗坛

目录

CONTENTS

十载梁园探得民间疾苦 072 ◎

为拯江山惨遭流放之苦 086 ◎

凄凉暮年不减傲岸风骨 100 ◎

伟大一生诗仙光耀万年 112 ◎

巴山蜀水养育一代诗魂

公元8世纪的前半个多世纪中，强大的大唐王朝以其高度的物质文明和精神文明屹立于世界的东方。在经济繁荣昌盛的大背景下，诗坛也出现了群星璀璨的壮观局面。而被人们誉为“诗仙”的李白，则属于这星群中最明亮的一颗。

李白像

李白，字太白，自号青莲居士。生于公元701年，卒于762年，主要活动于玄、肃两朝。唐玄宗前期，也就是开元年间，由于统治者比较注意社会的安定和生产的发展，在农民和手工业者的辛勤劳动之下，

宫乐图　唐·佚名

农业、手工业、商业都有了较大的发展，社会财富迅速增加，城市繁荣，交通发达，国力强盛，文化的发展也达到了高峰。在文艺领域，诗歌、音乐、舞蹈、书法、绘画、雕塑等各个方面，都焕发着奇异的光彩。唐王朝为了巩固地主阶级的统治，继承和发展了隋代的科举取士制度，改变了大士族垄断仕途的局面，使较多的庶族地主知识分子有可能参与政治。这一切使地主阶级知识分子阶层相当普遍地具有昂扬的精神状态和积极的处事态度。

但是，即使在这繁荣昌盛的"开元之治"时期，封建社会的各种矛盾仍然存在，并且潜滋暗长。到了唐玄

少年李白英姿勃发，在江油留下了很多故事。

宗后期，统治集团手中已经集中了巨额财富，其腐朽性也就与日俱增，各种社会矛盾逐渐激化。到了755年，终于爆发了安史之乱，直到763年才告结束。这场战乱使广大人民群众遭受了巨大的浩劫，社会经济遭到严重的破坏，中央政权的统治力量也大为削弱。从此，内忧外患，接连不断，大唐王朝的黄金时代也就一去不复返了。

李白的一生，正处于这样一个社会由全盛转入衰落的重要历史时期。

李白出生于碎叶（今吉尔吉斯斯坦的托克马克附近），在他5岁的时候，随其父亲李客迁回内地，居住在蜀郡绵州彰明县青莲乡（今四川江油）。

李白出身于富有的大商人家庭，自幼聪颖好学，他曾说："余小时，大人令诵《子虚赋》，私心慕之。"又说："五岁诵六甲，十岁观百家。"在家学习的时候，教他的主要是他的父亲。"五岁诵六甲"的"六甲"，是指计算年月日的六十甲子，“百家”是指诸子百家的各类杂书。因此可以看出，他自小的涉猎范围就比较广泛，学习的内容也比较庞杂，接受了古代思想家各方面的影响。

到了15岁的时候，李白就开始学习剑术和学写文章了。据有关资料考证，《明堂赋》就是他15岁时所作的文章。从他的诗文中所引的佛经、道经等等，他的“开口成文，挥翰散霞”的能力，主要是20岁以前的少年时期苦学得来的。

据传李白在年幼读书的时候，曾经有一段时间感到没有什么大的成果，便想放弃不读了。有一天，他在山下的小溪边遇到了一位老太太，那老太太正在不停地磨一根铁棒。李白好奇地问她在干什么，老太太说：“要把它磨成一根针。”李白深受感动，从此发愤读书，终

于取得了很大的成就。因为这个故事，那小溪被称为“磨针溪”，民间也流传下来了“只要功夫深，铁棒磨成针”的谚语，成语“铁杵成针”亦源于此。

李白从少年时期就开始学习剑术了，有侠义之气。他当时就与一位侠士赵蕤交往，可见是气味相投。在后来李白出蜀远游的一段时间里，其为人处世仍有侠义之道。他常常把剑佩戴在身边，遇有酒醉或有感慨的时候，就抚剑扬眉，起舞或者吟诵，以此来寄托他的宏伟抱负。别人说他是：“袖有匕首剑”，他自己则说：“高冠佩雄剑”，“锦带横黄龙”（黄龙是一种宝剑名），他又说：“醉来脱宝剑，旅憩高堂眠”，可见宝剑是经常佩戴在他身边的。

随着年龄的增长，他的侠气虽然逐渐有所减少，但

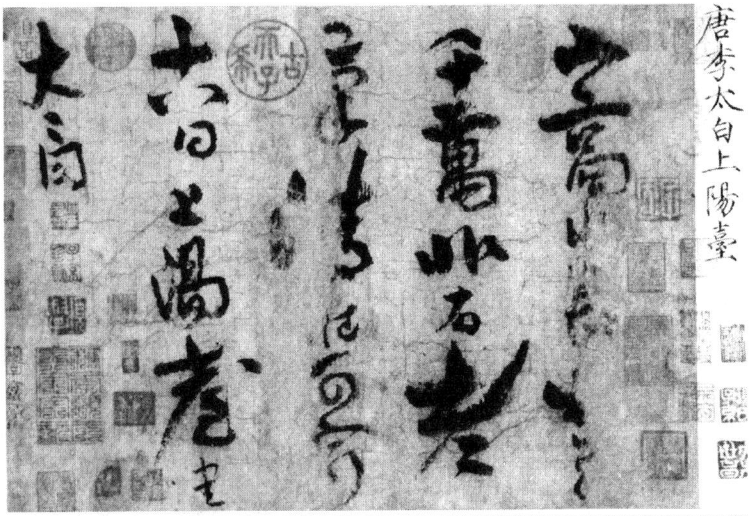

李白 上阳台帖

在他的诗中，每当写道侠客义士时，便虎虎有生气，流露出一种衷心的赞美和向往之情。如《侠客行》《白马篇》《东海有勇士》《秦女休行》等等篇章，便可以看出这种侠义风气。在李白的一生中所表现出来的那种豪放傲岸的性格，以至于诗歌的豪放不羁、热情奔放，应该说都与他少年时代的侠义作风有一定的关系。

李白在四川居住的时候，还经常与一些隐者道士交往，经历过隐逸生活。赵蕤就是一位隐士，在开元中期，大唐皇帝曾经召见过他，但他不肯应召。他还同一位隐士东严子共同隐居在岷山，也就是现在成都附近的青城山，一连住了几年也没有回到城市里。他在山里还驯养

太白醉酒图 清·苏六朋

了很多奇异的禽鸟，这些鸟被他训练得非常温顺，只要他一叫，就能落到他的手掌里来吃东西。当时的广汉太守还特意到山中参观，并且推举他们二人出去做官，但被他们拒绝了。

到了20岁的时候，李白在蜀中已表现出颇高的文学能力，并开始了一些社会活动。那时著名的作家苏颋由礼部尚书出任益州长史，李白就在路上向他求见，拿出文章给他看。苏颋看过他的文章后，曾对他的同僚们说："此子天才英丽，下笔不休，虽风力未成，且见专车之骨，若广之以学，可以相如比肩也。"后来苏颋在《荐蜀中人才疏》中，也说到了李白文章，可见李白在少年时代已经写出了很多作品，可惜流传下来的不多，不过足可从中看出他的创作才能。

有这样一个故事，说李白有一次跟随彰明县令观看水涨情形，有一女子溺死在江上，县令见后便"苦吟"起来："二八谁家女，飘来倚岸芦。鸟窥眉上翠，鱼弄口边朱。"李白应声续到："绿发随波散，红颜逐浪无。何因逢伍相？应是怨秋湖。"由此可以看出，李白是很不满意这种歌咏"翠眉""朱口"的昏庸县令的。这是李白对当时封建官僚们感到不满的开始。

巴蜀境内，自然风光秀丽壮美，名胜古迹颇多。李白20岁以后便在四川境内开始游览。

李白《峨眉山月歌》诗意图

他在成都登过散花楼，有《登锦城散花楼》诗：

日照锦城头，朝光散花楼，金窗夹绣户，珠箔悬银钩。飞梯绿云中，极目散我忧。暮雨向三峡，春江绕双流。今来一登望，如上九天游。

祖国的名胜给他一种优美壮丽的感觉，使他的胸襟开阔了，诗的技巧也进步了。他还游历过峨眉山，听过峨眉山的蜀僧弹琴。李白对琴的爱好与学习，就是从在峨眉山听蜀僧弹琴时开始的。李白平生很喜欢音乐，除弹琴外，他还能歌善舞。在他的很多诗作中，就表现出了能歌善舞的才能。如："与君歌一曲，请君为我侧耳听"，"一笑复一歌，不知夕景昏"，"我歌月徘徊，我舞影零乱"，"歌声送落日，舞影回清池"等等，都表现出了诗人对歌舞的崇尚与谙熟。

在游峨眉山时，李白写过有名的《峨眉山月歌》：

峨眉山月半轮秋，影入平羌江水流。夜发清溪向三峡，思君不见下渝州。

在这首七绝中，有5个地名，但读起来仍然很自然，可见这时他作诗锤炼的功夫已经很深了。李白自幼就喜欢月亮，认为月亮是一种清新皎洁的象征，而峨眉山的月亮给他的印象最深。他把月亮当作了一种理想的寄托，在那里是没有一点污浊和黑暗的。

李白还到过戴天山，有《访戴天山道士不遇》诗：

犬吠水声中，桃花带雨浓。树深时见鹿，溪午不闻钟。野竹分青霭，飞泉挂碧峰。无人知所去，愁倚两三松。

诗中细腻地写出了幽美寂静的山林景色。他还登过巫山最高峰，他已将蜀中的名胜都游览遍了，他说："巴国历所尽"，又说："历览幽意多"。这种游历使他饱览了巴蜀优美壮丽的自然景色，也使他更多地接触了各地的社会生活。这对他眼界的开阔，豪放自然的诗歌风格的形成都是有关系的。这种风格的形成虽然和他一生的经历都有关系，但少年时的蜀中生活，已经为此培植好了根基。他后来写的著名诗篇《蜀道难》中有好些关于四川地理形势的奇险壮美的描写，这种奇险壮美的感觉也影响到了他的诗歌的艺术风格。

到了公元725年，也就是李白25岁的时候，为了寻找机会来发展自己的抱负和才能，李白"仗剑去国，辞亲远游"，乘舟出峡，走向更为广阔的天地。

李白赏月图　明·吴良智

示家人

三百六十日，日日醉如泥。
虽为李白妇，何异太常妻？

村　居

径曲萋萋草绿，溪深隐隐花红。
凫雁翻飞烟火，鹧鸪啼向春风。

仗剑远游万里皆是家园

青年时代的李白是怀有远大的理想和抱负的。他不想当小官，就连唐朝一般读书人所热衷追求的科举考试，他也从来没有想到要参加。他的理想是一举而至卿相，“相与济苍生”。他所敬佩的古人多半也不是什么诗人或

学者，而是鲁连仲、诸葛亮、谢安一类为国家建立奇功的人物。这种理想看起来有些不太实际，但他的产生并不是没有原因的。一方面是盛唐的富庶安定的社会环境，培养了青年

人对事业前途的热望；一方面是他对自己才能的高度自负。他所看到的一般官吏都很庸俗，他以为一个富有才能的人是一定能够受到别人的尊重的，并且一定能够有施展才能的机会。这种带有一点浪漫色彩的青少年情怀，使他在开始漫游时所抱的理想很高，也认为事情很容易，“不屈己，不干人”，只要以自己的才能在社会上树立声誉，就可以有机会得到成功。抱着这样的远大志向，李白带着很多钱，离开家乡，从三峡出发，来到了襄阳。

在湖北的襄阳，李白流连了一个时期，《襄阳曲》和《襄阳歌》就是在这个时候写的。在《襄阳歌》当中，他说：“清风朗月不用一钱买，玉山自倒非人推。舒州杓，力士铛，李白与尔同死生。”可见，这时的李白已经很能饮酒了。但这个时期的饮酒与后期的

"愁多酒虽少，酒倾愁不来"的情形不同，这时是"酒酣益爽气，为乐不知秋"的。他这时生活得很豪迈放纵，对前途充满了乐观进取的精神。"黄金白璧买歌笑，一醉累月轻王侯"，醉后可以肆无忌惮地表现自己的傲岸态度，这种"轻王侯"的想法确实是当时的真实感情，因此，他这时的饮酒和他的侠义行为是不可分的，都是一种豪放情绪的宣泄。

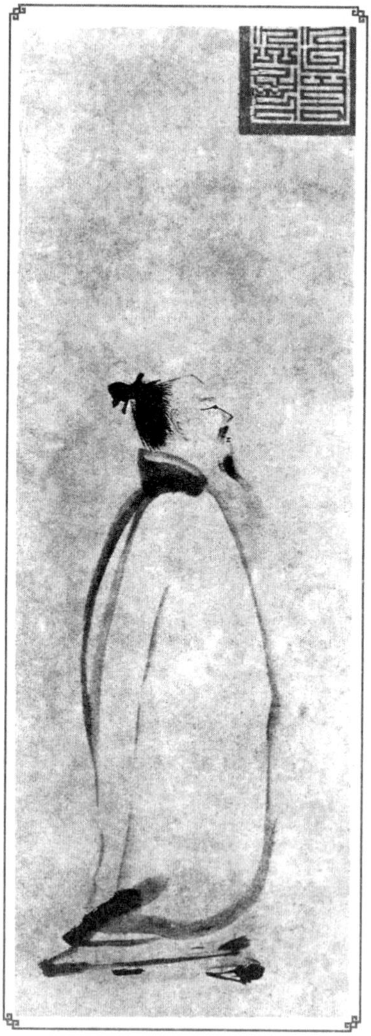

李白行吟图 南宋·梁楷

在襄阳流连了一个时期以后，他就经过荆门，来到了武汉，以后又泛舟洞庭湖，游历了各地的很多名山大川。这时和他一起漫游的是一个名叫吴指南的朋友，在洞庭湖时，吴指南病死了，李白非常伤心，伏在吴指南的尸体上失声痛哭，甚至把眼睛哭出血来。他暂时把吴指南的尸体掩埋在湖边，就又到其他地方游历去了。过了很长时间，李白又去看望吴指南尸体存放的地方，那时尸体的筋骨还没有完全腐烂，他就亲自用刀子洗削身体，然后正式安葬在鄂城（今武昌）的东面。由此可以看出，李白对朋友是非常讲义气的。

在游历扬州的时候，“不逾一年，散金三十余万，有落魄公子，悉皆济之”。这里所说的落魄公子，都是一些怀才不遇的人，李白对他们是很同情的。他在《赠友人》诗中说：“人生贵相知，何必金与钱”，“黄金逐手快意尽，昨日破产今朝贫”，“归家酒债多，门客粲成行”，他

李白醉酒　石玉画

田园诗人孟浩然

饮酒挥霍，都是为了结交豪侠的知心朋友。李白年幼的时候就学过剑术，自己就是“少任侠”，而在远地漫游的生活中，又必须要结交一些知心的朋友，何况李白远游的主要目的，就是要寻找知音和建立自己的声誉，这就要求他必须轻财重义。

从四川离开以后，经历了大约3年的光阴，在李白27岁的时候他来到了湖北的安陆。在安陆，他和唐高宗时当过宰相的许圉师的孙女结了婚。他的妻子也是一个很有才的女人，据资料记载，李白曾做《长相思》乐府，最后的句子是：“不信妾肠断，归来看取明境前”。他的妻子看后，对他说，武后的诗中不是有“不信比来常下泪，开箱验取石榴裙”的句子吗？李白因此感到很怅然。由此可以看出，他的妻子也是读了很多书的。在此后，他大体上过了10年相对稳定的生活。在这期间，他以安陆为中心，仍然经常到各地去漫游。在漫游过程中，他结识了当时著名的诗人孟浩然。孟浩然比李白大11岁，这时已经归隐了，过着饮酒作诗的生活。李白的《赠孟浩然》一诗说：

春　晓

春眠不觉晓，处处闻啼鸟。
夜来风雨声，花落知多少。

孟浩然《春晓》诗意图

桃李园图（局部） 明·仇英

吾爱孟夫子，风流天下闻。红颜弃轩冕，
白首卧松云。醉月频中圣，迷花不事君。高山
安可仰，徒此揖清芬。

可以看出他对孟浩然的退隐及饮酒赋诗的行为是很佩服的。在唐代诗人中，和李白有过交谊的人并不多，只有孟浩然、王昌龄、杜甫、贾至等几个人，而受到李白赞誉的人则更少。孟浩然的志趣和李白当时的心境是很相投和的，因此也就得到了李白的爱慕。李白的《黄鹤楼送孟浩然之广陵》一诗说："故人西辞黄鹤楼，烟花三月下扬州。孤帆远影碧空尽，唯见长江天际流。"这首七绝是很著名的。他还有一首《春日归山送孟浩然》诗，说明他们的交谊是很亲密的。

在李白30岁的时候，他离开了安陆，向北游历到山西的太原。和李白一起在山西游历的，是元参军。元参军的父亲是山西守边防的武官，他去太原时就住在元参军的家，并以太原为中心去畅游周围的名胜。“时时出向城西曲，晋祠流水如璧玉。浮舟弄水箫鼓鸣，微波龙鳞莎草绿。”后来他回忆说：“此时欢乐难再遇”，说明了这一段时光在他的漫游生活中是很畅快的。在太原时，他认识了后来成为名将的郭子仪，郭子仪那时还是一个小兵，因为犯了错误，要受到处罚。李白看见他很有才能，就替他说情，免除了处罚。据说后来李白因为跟随李璘而获罪时，郭子仪已经成为名将，曾经出力解救过李白。从这个故事可以看出李白是一个很看重人才的人。

接着李白又东游齐鲁，最常住的地方是任城和沙丘（今山东的济宁和莱州），而且他就在沙丘安了家。这时他和孔巢父、韩准、裴政、孙叔明、陶沔五人共同隐居

李邕《题画》诗意图

题　画

对雪寒窝酌酒，敲冰暖阁烹茶。
醉里呼童展画，笑题松竹梅花。

在泰山南边的徂徕山上，常常在一起饮酒唱歌，当时人称“竹溪六逸”。李白在《送韩准、裴政、孔巢父还山》一诗中，翔实地描写了他们之间的隐居生活和志趣。

猎客张兔罟，不能挂龙虎。所以青云人，高卧在岩户。韩生信英颇，裴子含清真。孔侯复秀出，俱与云霞亲。峻节凌远松，同衾卧盘石。斧冰溯寒泉，三子同二屐。时时或乘兴，往往云无心。出山揖牧伯，长啸轻衣簪。昨宵梦里还，云弄竹溪月。今晨鲁东门，帐饮与君别。雪崖滑去马，萝径迷归人。相思若烟草，历乱无冬春。

从这首诗中，可以看出他们之间的友谊是极其亲密的，也可以看出这些人的傲岸气概。

李白的傲岸自负常常受到别人的嘲笑，可他并不因此丧失他的自信心，这种情形，在《上李邕》一诗中表现得最为明显。李邕是当时著名的书法家，做过北海太守，比李白大20多岁，李白见到他时，他已经60多岁了，可以想象，这样一位有名望的老年人自然是看不惯李白的那种态度的，就对李白发出一些劝告，于是李白就回答他说：

大鹏一日同风起，扶摇直上九万里。假令风歇时下来，犹能簸却沧溟水。时人见我恒殊调，闻余大言皆冷笑。宣父犹能畏后生，丈夫未可轻年少。

李白从少年时代开始就喜欢以大鹏自比，因此常受到一些人的嘲笑和误解。他对此不但无所顾忌，甚至给以较为激烈的抨击。

离开山东之后，李白又到南方各地去游历，漫游于江苏、安徽、浙江等地。经过多年的社会磨炼，他对当时的政治现实有了比较清楚的认识，在他写的《丁都护歌》中，对劳动人民的艰辛劳动有了较为深刻的描写。

云阳上征去，两岸饶商贾。吴牛喘月时，拖船一何苦。水浊不可饮，壶浆半成土。一唱都护歌，心摧泪如雨。万人系盘石，无由达江浒。君看石芒砀，掩泪悲千古。

从这首诗中，可以看出诗人对社会现实的关注，也可以看出对劳动人民的深深同情。

公元738—739年，李白正在江苏、安徽等地游历的时候，唐玄宗依仗社会经济的富裕和国力的强盛，对北方的契丹、突厥等发动了好几次战争，这些战争虽然有的胜利了，但却加重了人民群众的负担，征役频繁起来，离妻别子的情景很惨。看到人民的痛苦，李白对战争表示了强烈的不满。《乌夜啼》一诗就是表现战争给人们带来流离远别的痛苦的：

黄云城边乌欲栖，归飞哑哑枝上啼。机中织锦秦中女，壁纱如烟隔窗语。停梭怅然忆远人，独宿孤房泪如雨。

此外在《古风》第14首诗中，除了对人民的同情外，他对那些驱使士兵发动战争，迎和皇帝好大喜功心理的将领们，也表示了深刻的不满，看出他对社会现实有了更深层次的认识。这首诗是这样写的：

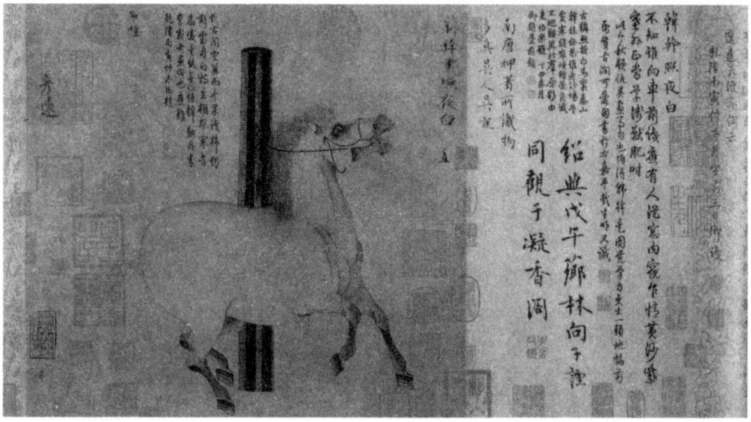

照夜白图卷　唐·韩幹

此画中的马是唐玄宗李隆基的坐骑。

赫怒我圣皇，劳师事鼙鼓。阳和变杀气，发卒骚中土。三十六万人，哀哀泪如雨。且辈就行役，安得营农圃。不见征戍儿，岂知关山苦。争锋徒死节，秉钺皆庸竖；战士涂蒿莱，将军获圭组。

到了公元742年，李白42岁的时候，到了浙江的会稽，与道士吴筠共同居住在剡中。正在这时，皇帝召见吴筠，吴筠就在唐玄宗面前推荐了李白，唐玄宗也从其他方面听到过李白的名声，于是就接连下了三道诏书，命他到京城去。

李白像

醉写番表（清末年画）

在临行之前，李白写下了一首《南陵别儿童入京》：

白酒新熟山中归，黄鸡啄黍秋正肥。呼童烹鸡酌白酒，儿女嬉笑牵人衣。高歌取醉欲自慰，起舞落日争光辉。游说万乘苦不早，著鞭跨马涉远道。会稽愚妇轻买臣，余亦辞家西入秦。仰天大笑出门去，我辈岂是蓬蒿人。

从这首诗中，不难看出李白当时那种兴奋、激动、得意的神态。

雪　梅

新安江水清浅，黄山白云崔嵬。
遍地雨中春草，盈枝雪后寒梅。

醉　兴

江风索我狂吟，山月笑我酣饮。
醉卧松竹梅林，天地藉为衾枕。

辞别长安难酬报国雄心

长安是唐朝的京城，建筑规模宏大，各行各业都很发达，宫殿园林也都很富丽堂皇，它不仅是当时全国的政治中心，也是全国的经济文化中心。唐诗中歌咏长安的篇章很多，诗人们差不多都在长安逗留过，也都对长安怀有极大的兴趣。

“仗剑远游”的李白到过全国很多著名的地方，他本应该很早就到长安去，但傲岸的性格使他觉得长安应该是他最后的目标，应该是别人请他去；去长安应该是去施展自己的远大理想和抱负，而不是像到其他地方那样随随便便地漫游。因此，他虽然游历了多年，也没有到过他非常想去的长安。

李白终于盼到了这一天，皇帝一连下了三道诏书召见他，使他感到非常荣耀和兴奋，这一方面是为个人的功名利禄，但更重要的是他认为有了施展才能、为国效劳的机会。

初到长安的时候，李白确实是很显赫的。据说皇帝亲自迎接他，并“以七宝床赐食，御手调羹”，还说了很多赞美李白的话，向他询问对一些国家大事的看法，并让他起草一些宫廷文件等等。

李白入京以后，被安排在翰林院，唐朝的翰林院里收罗了全国各方面有才能的人，上至文词经学，下至医卜伎术，什么样的能人都有，都是专门为皇帝准备的顾问，并没有什么官职。

唐朝的制度规定，学士初入翰林院，可以领到一匹

牧马图 唐·韩幹

马，作为交通工具。李白自己所说的："揄扬九重万乘主，谑浪赤墀青琐贤。朝天数换飞龙马，敕赐珊瑚白玉鞭。"就是他初到长安时的生活写照。

李白是想做一番大的事业的，这在他的《驾去温泉宫后赠杨山人》中表现得最为明显：

少年落魄楚汉间，风尘萧瑟多苦颜。自言管葛竟谁许，长吁莫错还闭关。一朝君王垂拂拭，剖心输丹雪胸臆。忽蒙白日回景光，直上青云生羽翼。幸陪鸾辇出鸿都，身骑飞龙天马驹。王公大人借颜色，金章紫绶来相趋。当时

玄宗试马图　唐·韩幹

盛唐艺术精品：鎏金舞马衔杯纹银壶

结交何纷纷，片言道合惟有君。待吾尽节报明主，然后相携卧白云。

唐玄宗在早年是一个颇为精明的皇帝，但这时他已统治了30多年，觉得天下太平，社会富庶，统治地位很稳固了，就一心追求享乐的生活和长生不死的方术。当时在朝廷中最有权力的人是中书令李林甫，他是一个阴险而又弄权的人。当时的社会虽然表面上还很安定，但政治已经日渐腐化，阶级矛盾和民族矛盾已经逐渐显露出来，并且深刻化了，但唐玄宗仍然终日沉溺于声色之中。

沉香亭图 清·袁江

这时的李白已经在社会上建立了比较广泛的声誉，关于他的诗和他的轶事已经有很多流传，唐玄宗认为这个人物很新奇，可以做升平景象的点缀，于是就请他到长安来了。唐玄宗表面上对李白很重视，但并不想让他参与什么国家大事，只是希望李白能够像门客一样，做一些及时行乐的诗词，给他的宫廷生活增加一些乐趣。这只要看一下李白在长安最受宠的几件事就可以知道了。

有一次，唐玄宗正在宫中享乐，对高力士说：这么好的良辰美景，怎么能只有歌舞呢？假如在这个时候请李白做几首诗，不更可以夸耀于后世吗？于是就派人去请李白。这时的李白正在宁王那里喝酒，已经醉了。他来到唐玄宗的面前，很消沉的样子。唐玄宗知道音乐不是他的特长，就让他做《宫中行乐》这种格调的五言律诗十首。李白提起笔来，诗兴大发，一挥而就，没有一点勾抹的痕迹。

还有一次，宫中的牡丹花盛开，唐玄宗和杨贵妃一起到花园中赏花，并且让擅长唱歌的李龟年带领一班梨园子弟唱歌，他们正要开始唱的时候，皇帝忽然说：“观赏名花，面对妃子，怎么能用过去的歌词。”于是就让李龟年去请李白，马上写三首《清平调》。这时的李白酒醉还没有醒，就应命做下了以下三首词：

云想衣裳花想容，春风拂槛露华浓。若非群玉山头见，会向瑶台月下逢。

一枝红艳露凝香，云雨巫山枉断肠。借问汉宫谁得似？可怜飞燕倚新妆！

名花倾国两相欢，长得君王带笑看。解释春风无限恨，沉香亭北倚栏杆。

总之，李白特别受到皇帝宠爱的故事，大都是这一类帮闲的、类似清客倡优的事迹。他的朋友任华也作诗说过他做翰林时的情景："新诗传在宫人口，佳句不离明主心。身骑天马多意气，目送飞鸿对豪贵。承恩召入凡几回，待诏归来仍半醉。"可见唐玄宗只是把他当作御用文人看待的。

李白对于这种生活，开始时还觉得很是扬眉吐气，但很快就感到寂寞和凄凉了，他原来的一切希望仍然是幻想，事实上并没有施展才能和建功立业的机会。

李白并不是整日都在宫中侍从皇帝的，他在长安城里找到了一些能够谈得来的朋友，一起饮酒作诗，来寄托他的狂傲和心中的抑郁与不平。他和贺知章、崔宗之等人经常在一起饮酒游览，被人们称为"酒中八仙"。这些人的地位虽然不同，但都喜欢一种放纵浪漫的生活情调，他们的饮酒当然包含着及时行乐的消极因素，但同时也是为了摆脱社会现实。他们酒后就高谈阔论，用傲慢的态度来蔑视一切。杜甫的《饮中八仙歌》就生动地描绘了这些人的形象，其中说："李白一斗诗百篇，长安市上酒家眠。天子呼来不上船，自称臣是酒中仙。"

"酒中八仙"之一的贺知章也是一位诗人，自号"四明狂客"，这时已经80多岁了，但仍然喜欢饮酒。贺知章对李白的才能特别赏识，李白刚到长安时，和他在紫极宫相会，他就赞赏李白是"天上谪仙人"，（"谪仙人"的意思是指神仙受到处罚，降到人间），并解下身上的金龟来和李白换酒喝。贺知章对李白的称誉和重

清平调图 清·苏六朋

唐天宝年间，唐玄宗召李白作"清平调"的故事。

贺知章《回乡偶书》诗意图 清·钱慧安

回乡偶书

少小离家老大回，乡音无改鬓毛衰。
儿童相见不相识，笑问客从何处来。

视在当时是很有影响的。李白后来回忆说：“四明有狂客，风流贺季真。长安一相见，呼我谪仙人。”李白特别喜欢“谪仙人”这一称谓，因为这表达了他厌恶庸俗的心态。

“八仙”之一的崔宗之也是李白在长安时期的好朋友。李白在《酬崔五郎中》一诗中说：“奈何怀良图，郁悒独愁坐。杖策寻英豪，立谈乃知我。”对他是很引为知己的。杜甫形容崔宗之是“宗之潇洒美少年，举觞白眼望青天，皎如玉树临风前”。“白眼望天”表现狂放的态度，“玉树临风”表现醉后摇荡的样子，可见崔宗之也是一个和李白性格很相近的人物。

李白这个时期的生活表面上是很得意的，生活享受也很奢侈，像他自己后来所说的：“昔在长安醉花柳，五侯七贵同杯酒。气岸遥凌豪士前，风流肯落他人后！”这种地位也使他感到人情的冷暖，“当时笑我微贱者，却来请谒为交欢”。但这些生活享受毕竟掩盖不住他内心的苦闷，他在翰林院中，已经感到“青蝇易相点，白雪难同调”，觉得曲高和寡，还要受到别人的猜忌，因而只能用读书来安慰自己。他也开始感到这种生活的不自由，因此想赶快建立功名，然后便离开京城，像严子陵、谢灵运一样去游览山水名胜。

在长安的3年当中，李白对唐朝统治者的腐败和罪恶，有了比较清醒的认识，他说：

贺知章《偶游主人园》诗意图

偶游主人园

主人不相识，偶坐为林泉。
莫谩愁沽酒，囊中自有钱。

大车扬飞尘，亭午暗阡陌。中贵多黄金，连云开甲宅。路逢斗鸡者，冠盖何辉赫！鼻息干虹霓，行人皆怵惕。

当时，长安城中，上好的房屋和肥沃的土地有一半被宦官占有，因此像高力士那样的人，气焰是极其嚣张的。唐玄宗喜欢斗鸡的游戏，在长安城中设有“鸡坊”，并挑选了一批人饲养和训练大量的雄鸡。因为皇帝喜欢斗鸡，一些有点地位的人也都跟着效仿，使斗鸡成为一种社会风气。对于擅长斗鸡的人，皇帝也特别欣赏，给大官做。这些不学无术、荒淫骄奢的统治者们，骄焰熏天，欺压人民，使李白感到特别气愤。

唐朝乱世的萌芽在逐渐地生长，政治腐败，奸臣掌权，宫廷中过着极其荒淫奢侈的生活，官吏贪污成风，人民的生活却日益艰难起来，生产力也逐渐衰落下去。富有正义感和同情心

书法大家张旭 『饮中八仙』之一

的诗人李白，面对这种现象，怎能不感到愤怒呢？况且他自己也曾受到过一些鸡徒之流的威胁和煎熬。他在来长安之前的那些美好的理想都被严酷的现实击碎了，他只能离开京城了，于是他便上疏，请求离开。

皇帝很自然地答应了他的要求。这里面的原因，一方面是因为李白傲岸的态度使皇帝看着不顺眼，另一方面，也是因为那些权臣大官、斗鸡之徒在皇帝面前进李白的谗言。其中谗害李白最重的是高力士，他是皇帝的近侍，权力极大，各地给皇帝的奏章都要先经他过目，李林甫、杨国忠、安禄山这些人都是通过他才当上大官的。而李白则根本不把他看在眼里，正如后人所赞美的，李白“目中不知有开元天子，何况太真妃、高力士哉”！因此李白在皇帝面前喝醉了酒，就伸出脚去，让高力士给脱靴子，高力士能不恨他嘛。据说杨贵妃很喜欢李白的《清平调》词，高力士就进谗言说：“李白用赵飞燕来

太白解表（清末年画）

杨贵妃上马图　元·钱选

比您，太看不起您了。”于是杨贵妃也就恨起李白来了。实际上诽谤李白的也不止一两个人，李白极端看不起那些权贵大臣和斗鸡之徒，那些人怎么能看得下李白对他们的傲慢态度呢?

在离开长安时，李白给他在翰林院的同事们写了一首留别的诗，其中说：“一朝去金马，飘落成飞蓬。宾客日疏散，玉樽亦已空。才力尤可倚，不惭世上雄。”虽然经历了这次波折，但他豪放乐观的情绪并没有被消磨掉，他对自己的才能仍然怀有高度的自信，并且在和那些权贵要人们接触了一个时期以后，他更觉得自己“不惭世上雄”了，因此便很自然地又走上了漫游的旅程。

春　景

门对寉溪流水，云连雁宕仙家。
谁解幽人幽意？惯看山鸟山花。

莲　花

轻桡泛泛红妆，湘裙波溅鸳鸯。
兰麝薰风缥缈，吹来都作莲香。

珠联璧合辉映祖国诗坛

李白离开长安之后，先到了河南，在开封和洛阳停留了一段时间。在公元744年，李白刚刚由长安到洛阳的时候，产生了中国文学史上永远令人纪念的一段佳话——李白与杜甫见面了，而且从此开始了这两位伟大诗人之间的亲密友谊。我国现代著名学者、诗人闻一多曾经这样描述过：

> 我们应当品三通画角，发三通锣鼓，然后提起笔来蘸饱了金墨，大书而特书。……我们再逼紧我们的想象，譬如说，青天里太阳和月亮走碰了头，那么，尘世上不知要焚起多少香案，不知有多少人要望天遥拜，说是皇天的祥瑞。如今李白和杜甫——诗中的两曜，劈面走来了，我们看去，不比那天空的异瑞一样的神

奇，一样的有重大的意义吗？

最有意义的不仅是这两位伟大的诗人竟然邂逅在一起，更有意义的是他们之间还建立了那么亲密的友谊，并且一直彼此关心着、关注着。

在这以前，李白走过很多地方，结识过各种人物，杜甫虽然比较年轻，但也有过吴、越、齐、赵的10年漫游，两个人在一起相处的时间也并不算长，但他们彼此竟在对方的情感中占有了非常重要的位置，这完全是来自两位伟大诗人所共同具有的一种精神，也就是那种对于某些不合理事物的憎恶态度，以及彼此间对于对方才

文苑图　五代·周文矩

画中精心描绘了李白等四位文人运思觅句的生动情态

杜甫像

能和特长的尊重。

杜甫这年33岁，是由山东漫游归来后暂时住在洛阳的。洛阳是当时的大都市，在这里，社会生活中占重要地位的当然也是一些贵族和富商，杜甫对这些人非常厌烦。他一见到李白就好像贺知章说李白是“天上谪仙人”一样，就被这位比他大11岁，社会经历丰富的诗人的风采吸引住了。他在《赠李白》诗中首先叙述了对洛阳生活环境的憎恶心情，说：“二年客东都，所历厌机巧。野人对膻腥，蔬食常不饱。”他所遇到的都是一些虚伪的“机巧”和臭味“膻腥”，他已经厌烦透了，忽然遇到李白这样摆脱富贵而退隐的人，深为佩服，希望能和李白共同隐居，一起去求仙访道。

李白豪爽明朗的性格把杜甫吸引住了，他对李白离开长安的举动，健谈嗜酒的习惯，都非常喜欢。于是他们一起游历，饮酒作诗。接着又都去了开封，在那里又遇到了诗人高适。高适正在那一带流浪，他们也就走到了一起。他们在一起“慷慨怀古”，发泄对统治阶级、现

江畔独步寻花

黄四娘家花满蹊，千朵万朵压枝低。
留连戏蝶时时舞，自在娇莺恰恰啼。

杜甫《江畔独步寻花》诗意图

实社会的不满，并给以抨击。这几位极其关注现实的诗人，已敏锐地感觉到，这个表面上仍然被称为“盛世”的国家，实际上已经潜伏着很深的危机。李白在这时写的许多诗歌，都流露出对国家大事的忧虑，《古风五十九首》中有好多篇章都是在这时写的。

即使是在这种情况下，能够遇到可以谈得来的朋友，毕竟还是让人兴奋的，因此他们饮酒赋诗，高歌游猎，过了一阵子豪放、浪漫的生活。李白描写在秋天游猎的情形时说：

> 骏发跨名驹，雕弓控鸣弦。鹰豪鲁草白，狐兔多肥鲜。邀遮相驰逐，遂出城东田。一扫四野空，喧呼鞍马前。归来献所获，炮炙宜霜天。

游猎归来以后，他们就把狐兔等胜利品烧炙出来，大家共同饮酒谈论，“慷慨怀古”。

杜甫的《昔游》诗中说：“昔者与高李，晚登单父台。寒抚际碣石，万里风云来。桑柘叶如雨，飞藿去徘徊。清霜大泽冻，禽兽有余哀。”就是描述他们在黄昏登单父琴台远眺时的情景。

后来，高适向南游历到楚地去了。李白和杜甫到了山东齐州（今山东济南），他们常常在北海太守李邕那里聚会。李邕这时已经快到70岁了，由于在书法和文章方面的成就，使他在社会上的名气很大，他又喜欢交朋友，所以来往的名士很多。齐州太守是李邕本家的孙子李之芳，也经常和李白他们来往。李白这时和杜甫的交情已经相当亲密，他们常常在历下亭和鹊山湖边上的新亭相会。杜甫的《与李十二同寻范士隐居》一诗中说：

李侯有佳句，往往有阴铿。余亦东蒙客，怜君如弟兄。醉眠秋共被，携手日同行。更想幽期处，还寻北郭生。入门高兴发，侍立小童清。落影闻寒杵，屯云对古城。

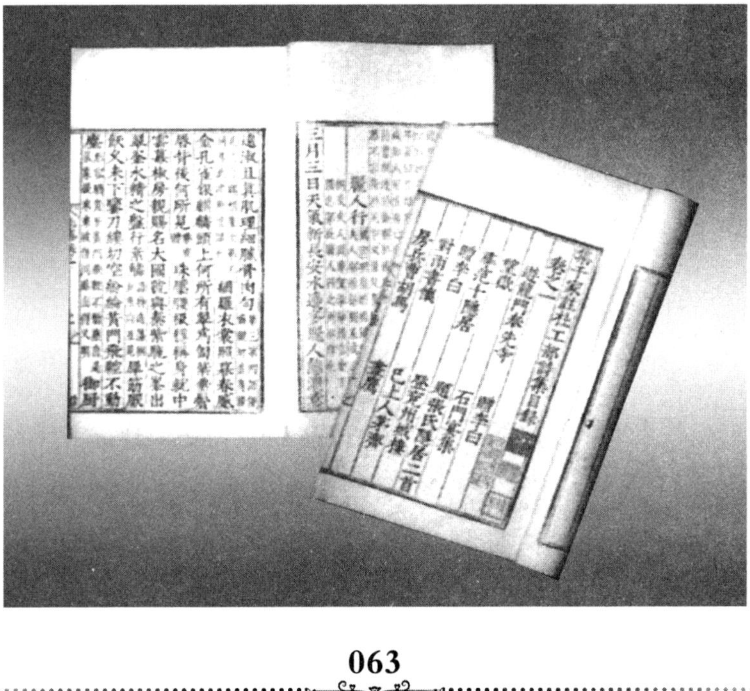

《杜工部诗集》书影

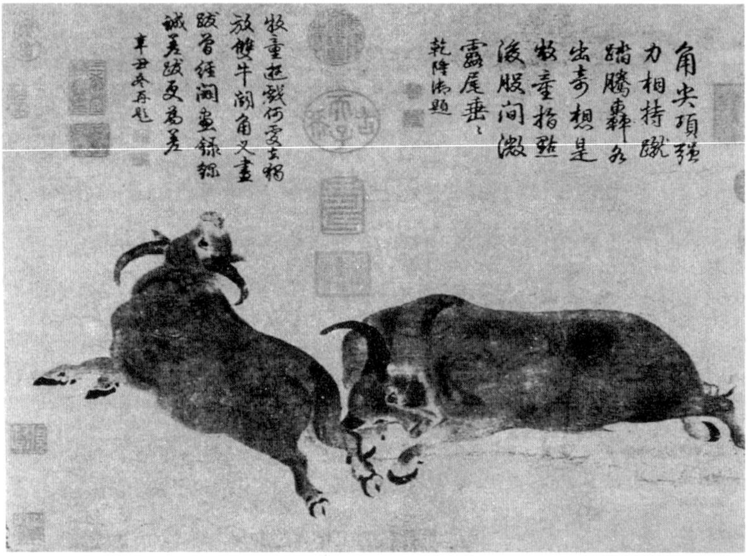

斗牛图 唐·戴嵩

这里对李白的诗做了评价，说他的佳句可以比得上六朝时代以五言诗著名的阴铿。也叙述了他们“醉眠共被”“携手同行”的兄弟般的亲密友情。这首诗余下部分的最后两句是“不愿论簪笏，悠悠沧海情。”说他们看不起头戴金簪手持笏板的官吏贵族，这也正是他们亲密友谊的基础。

后来李白的家从安徽搬到山东的任城（今山东济宁），他曾去那里安置家庭，和杜甫有一个短时期的离别。到秋天再见面时，杜甫写了下面一首诗来规劝李白：

秋来相顾尚飘蓬，未就丹砂愧葛洪。痛饮狂歌空度日，飞扬跋扈为谁雄？

这是一个知己朋友的衷心规劝，你不要再那么“飞扬跋扈”地傲视一切了，最好是收敛一点好。虽然李白的生活遭遇和心境不同于杜甫，他的年龄大，社会经历多，两个人在性格上也不相同，但杜甫的规劝还是善意的、中肯的，因此他们的友谊更加亲密了。不久，杜甫要到长安去，李白也又要开始他的新的漫游生活，两个人在兖州（今山东兖州）的石门分别了，李白送了杜甫一首诗：

醉别复几日，登临遍池台。何时石门路，重有金樽开？秋波落泗水，海色明徂徕。飞蓬各自远，且尽手中杯！

记录诗人一生的杜甫草堂（四川成都）

他们在这次痛饮之后就分手了，以后再也没有见过面，再也没有找到“金樽重开”的机会。

在李白、杜甫来往的这一段时期里，李白已经完成了许多著名的诗篇，“笔落惊风雨，诗成泣鬼神”，已经名扬海内外了，但杜甫的创作生活才刚刚开始，我们熟悉的许多名篇还没有写出来，因此，就他们之间的相互关系来说，李白对杜甫的影响要比较大一些。李白的诗歌具有自然豪放的风格，比起当时一些沿袭六朝的纤弱而又空虚的诗歌来，李白的诗风对杜甫具有更大的吸引力。譬如歌咏游侠和求仙，是李白诗中的两个重要题材，而在杜甫的诗中就表现得很少，但在李、杜交往的这一时期，杜甫也有了一些歌咏游侠和求仙内容的诗歌，而且风格也比较豪放，这应该说多少是受了李白的影响。

杜甫的《饮中八仙歌》对李白等人生活和风度的描述，是带有一种企羡和赞美的态度的，这与杜甫一生的生活态度，以及他诗歌的主要精神是不大相吻合的。这就说明，在李白、杜甫交往的这一段时间里，杜甫为李白的风度、气概所吸引，于是他也痛吟高歌，求仙访道，表现出一种豪放和热情。

他们分别以后，杜甫虽然写了很多著名的诗篇，确立了自己的诗歌风格，但他却一直对李白的诗给予了较高的评价。在他所写怀念李白的诗里，常常谈到李白的才能和

杜甫《绝句》诗意图

绝　句

江边踏青罢，回首见旌旗。
风起春城暮，高楼鼓角悲。

绘有狩猎图案的三彩凤首瓶

他的诗歌价值，而且都是推崇备至的。这一方面说明了李白的诗歌艺术成就确实是很高的，另一方面也说明了他们之间的友谊是极其真诚的、无私的。

他们虽然分别了，但彼此之间却常常怀念着。杜甫在长安时有《春日忆李白》《冬日忆李白》等诗，“竹溪六逸”的孔巢父由长安向江东游历时，杜甫一再叮嘱他，如果见到李白，一定要转达他的问候。（南寻禹穴见李白，道甫问信今何如。）李白因为跟随李璘而获罪，流放到夜郎以后，更可看出杜甫对李白的深切关心和同情。当时杜甫在秦州（今天水），他的《梦李白二首》就是这个时候写的。他说：“三夜频梦君”“故人入我梦，明我长相忆”，并对李白的遭遇表示了很深的愤慨，但他对李白的“千秋万岁名”还是深信不疑的。另外他还写了《寄李十二白二十韵》和《天末怀李白》两首诗，前者对李白的生平和他们之间的友谊做了详细的叙述，后者对李白的遭遇寄予了深切的同情。杜甫到成都后，打听不到李白的消息，又写了《不见》一诗：“不见李生久，佯狂真可哀。世人皆欲杀，吾意独怜才。”从这些诗篇中，可以看出杜甫对李白的诚挚友情。

李白也是非常怀念杜甫的，下面是他在山东沙丘（今山东兖州）所写的《沙丘城下寄杜甫》：

我来竟何事，高卧沙丘城。城边有古树，日夕连秋声。鲁酒不可醉，齐歌空复情。思君若汶水，浩荡寄南征。

他对杜甫也同样像是对汶水一样，怀着无穷无尽的思念。不见杜甫，觉得饮酒都好像少了很多兴致。他们的友谊是建立在相互尊重和关切爱护的基础上的，所以时间越长，也就越加深厚。

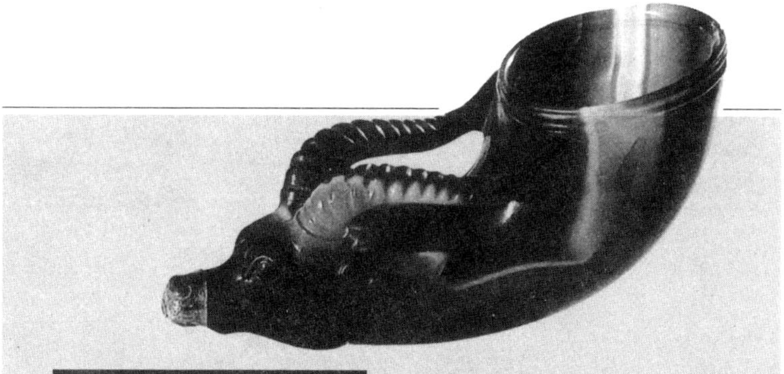

绝世珍品：唐牛首玛瑙杯

夏　景

华簟高人睡觉，水亭野客狂登。
帘外薰风燕语，庭前绿树蝉鸣。

秋　景

昨夜西风忽转，惊看雁度平林。
诗兴正当幽寂，推敲韵落寒砧。

十载梁园探得民间疾苦

李白从公元744年离开长安后，一直到公元755年安禄山开始叛乱，也就是从他44岁到55岁这段时间里，一共十余年的时间，又都是在各地的漫游中度过的。他这时已经是四五十岁的人了，又经历了在长安的一段生活，豪迈、乐观、自信的精神虽然没有改变，但心境和上一次游历时毕竟有些不同了。游侠和求仙本来是李白诗歌中的两个重要方面，但在上一次的漫游中，歌颂游侠的诗占的比重比较大，在这一时期则相对地少了，而求仙内容的诗则相对多了起来。虽然根本精神没有改变，但少年时期的豪放气势多少沉练了一些。上一次漫游的中心是湖北的安陆，这一次则更为流浪和漂泊了，生活很不安定。虽然他自己说“一朝去京国，十载客梁园”，但梁园（今河南开封）只是来往各地的交通要道，他的家又在山东，无论是到河北、山西或陕西，都要经过这里，和以前以安陆为中心的情况是不同的。这10年当中他到了很多地方，也遭受了很多冷遇和白眼。“一朝谢病游江湖，畴昔相知几人在。前门长揖后门关，今日结交明日改。”这时，他的经济状况也和上次漫游时有了很大的不同，上次漫游时，他带了很多钱财，因此生活得很放纵。这次漫游，虽然在离开京城的时候，皇帝给了他一些钱，但时间一长，这些钱花光了，再没有什么大的收入，生

八仙图　清·黄慎　八仙的故事始于唐代

活就比较困难了，在开封的时候，甚至达到了绝粮的地步。在李白的诗中，有一些酬谢地方官员的诗，那些地方官职位并不怎么高，李白那么高的名气，给他们写诗，很可能就是为了感谢他们的一些馈赠。李白就是这样在各地游历名胜，登临山水，同时饮酒作诗，来抒发自己的感触。

离开长安以后，李白在开封、济南等地和杜甫、高适等朋友欢乐了一阵子，“醉舞梁园夜，行歌泗水春”，他的情绪仍然很豪壮，这当然和遇到几个能够谈得来的朋友有关。

在齐州的时候，李白曾到紫极宫求道。唐朝的时候，几代皇帝都提倡道教，使道教非常盛行。这里的原因，一方面是因为道教的始祖老子姓李，皇帝想利用宗教来培植李姓帝室的统治威严；另一方面，也是为了祈求长

捣练图　唐·张萱

生不老，使自己的统治地位能够长期地延续下去，不受自然规律的支配。

李白的求道，当然也有在社会上进行活动、树立声誉以及某些迷信的成分，但主要的还是对解除社会束缚的一种渴望，对自由自在的生活的一种憧憬和向往。他诗中歌咏求仙的内容，主要也是用求仙的形式，来驰骋自己的想象力，来抒发自己抑郁不平的心情，如“奈何青云士，弃我如尘埃”“我本不弃世，世人自弃我”“人生在世不称意，明朝散发弄扁舟”等等诗句，都表现出了在现实社会当中不受重视，而向往摆脱现实的一种心境，其中也含有对现实社会的批判。

神仙的境界是根本不存在的，求仙也不能摆脱诗人日常生活中的烦恼和忧愁。“仙人有待乘黄鹤，海客无心随白鸥”“仙人殊恍惚，未若醉中真”，这些诗句表现了

他对神仙的怀疑。既然求仙仍然使他无力摆脱现实，他便开始寻找另外的途径，这个时期的诗人，则更沉湎于酒了。他说："圣贤既已饮，何必求神仙""蟹螯即金液，糟丘是蓬莱。且须饮美酒，乘月醉高台"，因此他比以前更加豪饮了。在这个时候，和以前有所不同的是，他除了歌咏饮酒和酣乐以外，很多地方则更认为酒是可以用来消愁的了。"穷愁千万端，美酒三百杯。愁多酒虽少，酒倾愁不来""涤荡千古愁，留连百壶饮"等诗句以及他在这一时期做的《梁园吟》，都表现出了他的复杂的心情。

在封建社会当中，作为一个读书人，如果不能当官，就应当归隐，因为他们只有这两条出路。李白虽然没有做官，却又不愿意逃避到山林里去做隐士，他还想"济苍生"，仍在关心着国家的前途和命运。他对李林甫、安禄山等奸臣掌握着国家大权表示痛心，他已经感觉到，这个虽然表面上还很太平的社会，各种矛盾已经日趋严重，大的社会动荡就要出现了。

这个时期他以梁

园为中心，北边去过赵、魏、燕、晋，西边去过陕西的彬县和岐山，也到过洛阳，回过山东的家里，但都没有长久停留，只是到处流浪和盘桓。这时，他的生活已经非常窘迫，在陕西彬县所作的诗中说：“而我竟何为，寒苦坐相仍。长风入短袂，两手如杯冰。故友不相恤，新交宁见矜”，已经到了在得不到别人的帮助时，御寒的棉衣都成了问题的程度。因此即使是饮酒酣乐的时候，他也不能摆脱他自己的遭遇所引起的忧愁，不愉快的情绪会时时地袭击他，他在《行路难》第一首诗中说：

金樽清酒斗十千，玉盘珍馐值万钱。停杯投箸不能食，拔剑四顾心茫然。欲渡黄河冰塞川，将登太行雪满山。闲来垂钓碧溪上，忽复乘舟梦日边。行路难，行路难，多歧路，今安在！长风破浪会有时，直挂云帆济沧海。

尽管他处境极为不顺利，甚至有无所适从的感觉，但他对生活的态度仍然是积极的、倔强的，他相信自己会有施展抱负的机会。

在北方盘桓了几年的时间，他就南下了，他的著名的诗篇《梦游天姥吟留别》，就是在南下前写的。对于浙江的天姥山、天台山等名胜，他早已想去游览，以致做梦都在游玩天姥山的景色。这首诗气势恢宏，“千岩万转路不定，迷花倚石忽已暝”，也的确是梦游的景象，充分显示了诗人丰富的想象力。诗中最后说：“切放白鹿青崖间，须行即骑访名山。安能摧眉折腰事权贵，使我不得开心颜！”批判了那种摧眉折腰的仕途生活，他要自由地游览各地壮丽的河山，过一种无拘无束的生活。

李白先到了江苏一带，在广陵和金陵都游览了很久。他说：“暝投淮阴宿，欣得漂母迎。斗酒烹黄鸡，一餐感素诚。”这是写在淮阴受友人招待时的情景。这时他的家还在山东，他在金陵有《寄东鲁二稚子》一诗，其中说：“我家寄东鲁，谁种龟阴田”，慨叹家中生计困难，对他女儿平阳和小儿子伯禽非常怀念，使他“肝肠日忧煎”。有朋友到山东去，他也嘱托去看望一下他的小儿子伯禽，说“我家寄在沙丘旁，三年不归空断肠”，心中很是挂念的。在这之后，他又漫游了浙江的会稽、永嘉和天台山

李太白
太白少夢筆頭生花自是天才倍贍沉酣中誦文未常錯誤而與不醉之人相對議事
皆不出太白所見時人號為醉聖其詩放浪縱恣擺脫塵俗模寫物象體格超邁杜
甫稱其詩無敵志氣宏放飄然有超世之心亦喜縱橫擊劍晚好黃老云

儿童嬉戏图 唐·佚名

等名胜，那里美丽的山水引起了诗人很高的兴趣，但他游历所接触到的人物，却很少知音，所以他的心情还是很寂寞的。

公元754年，李白又回到了广陵，在那里他遇到了一位尽乎崇拜他的知己朋友，这个人的名字叫魏万。这时李白已经54岁，魏万还很年轻，但他们“一长复一少，相见如弟兄”，从春天一直到夏天，很亲密地度过了几个月。魏万后来改名魏颢，隐居在王屋山，号王屋山人。他非常羡慕李白，为了和李白见面，从前一年的秋天起，就到过开封和山东，知道李白南下之后，他又找到江苏和浙江，按照李白的游踪，乘兴游览了吴、越等地的名胜，一直找到广陵才遇见李白。李白说他“东浮汴河水，访我三千里”，并且夸奖他说，一见面就知道他是一个聪敏的人。他们以前并不认识，这次李白对魏万的印象是："身著日本裘，昂扬出风尘"，魏万对李白的印象是："眸子炯然，哆如饿虎，或时束带，风流酝籍"。于是二人谈得很投机，"相逢乐无限，水石日在眼"，常常在一起游览。李白说魏万将来必将扬名于天下，于是把他的文章都交给了魏万，让他给编成集子。后来魏万中了进士，就编成了《李翰林集》，并写了一篇序言。那时李白还没有逝世，这可以说是李白诗最早的一个集子。他们在广陵盘桓了一段时间以后，就一同乘船进入秦淮，又到江陵，最后在江陵分了手。李白写了很长的诗送给魏万，说"黄河若不断，白首长相思"，魏万也写诗回赠给李白，说"此别未远别"，但他们在以后再也没有机会见面。

李白在金陵的时候游兴是很高的，他曾和以前"酒

中八仙”之一的崔宗之在月夜游过白璧山玩月，他穿着宫锦袍坐在船里，两岸看的人很多，但他“顾瞻笑傲，旁若无人”，他有一首诗是写这次游览的，其中说：“沧江溯流归，白璧见秋月。秋月照白璧，皓如山阴雪。”描写得非常美丽。有一首诗写他和很多人在金陵酒楼赏月，然后乘船在秦淮河上访友的诗，说他“草裹乌纱巾，倒披紫绮裘。两岸拍手笑，疑是王子猷”。可以看出他的狂傲不羁的形象，是很引人注意的。

这时已是大乱的前夕，他离开金陵之后，就到了安徽的宣城。公元755年安禄山起兵的时候，他正在宣城。10年漫游，就这样结束了。“清霜入晓鬓，白露生衣中”，诗人已日渐衰老了。

由于年岁大了，社会经历多了，这时候他对当时社会政治的认识也就更加清楚了，对唐朝统治者的不满也更加明显起来。公元751年和公元754年，杨国忠发动了两次征云南的战争，都在西洱河遭到了强烈的抵抗，两次得到的都是全军覆灭的结果。再加上关中一带水灾、旱灾相继发生，很多老百姓都没有饭吃。公元754年的秋天又下雨达两个多月，长安附近的房屋倒塌了许多。天灾人祸一起到来，使人民苦不堪言。在李白的诗中，表示了对这种战争的强烈反对，对杨国忠等人表示了很大的愤慨，同时，也深为自己无力解除民众的灾难而痛苦。李白有很多诗作表现了这一时期社会的动荡局面、民众的悲惨生活以及自己的难言的苦衷。

菩　萨　蛮 闺情

平林漠漠烟如织，寒山一带伤心碧。暝色入高楼，有人楼上愁。　　栏干空伫立，宿鸟归飞急。何处是归程，长亭更短亭。

忆秦娥 秋思

箫声咽，秦娥梦断秦楼月。年年柳色，霸陵伤别。乐游原上清秋节，咸阳古道音尘绝。音尘绝，西风残照，汉家陵阙。

为拯江山惨遭流放之苦

公元755年11月，安禄山率领部下15万人，在北京附近的范阳发动叛乱，这就是安史之乱的开始。一直到公元762年，唐朝军队会同请来的回纥部队，才结束了这次长达8年的大乱。安禄山起兵的时候，李白55岁，正在安徽宣城，到这场战乱结束的时候，他就在当涂去世了。因此，他的大半生虽然是在所谓的“开元盛世”中度过，但他的晚年却饱受了离乱的苦难。从他的诗中可以看出，在安史之乱以前，唐朝统治集团的奢侈腐化，人民所遭受天灾人祸的痛苦，已经达到了唐朝建立以来的最高峰，社会已远远不是他少年时代的那种繁荣景象了。安禄山的起兵，使一切社会矛盾都突出地表现出来，生产力降低，人民生活贫困，难以抵抗安禄山的兵力，历史上的“盛唐”时代就这样结束了。在文学上也是同样的表现，以前那种富有浪漫色彩、追求理想的诗歌比较少见了，更多的是表现社会痛苦和个人得失的悲叹的声音。安史之乱不但为唐代的历史划下了一条界线，也给文学带来了前后不同的特色。

安禄山是唐朝镇守东北边疆平卢、范阳、河东的节度使，拥有强大的兵力，他又大量招收东北各少数民族的降兵，组成了一个以少数民族为主的军事集团，在当时的河北地区实际上是处于割据状态。安禄山起兵之后，在不到两个月的时间里，就攻下了洛阳，在那里做了大燕皇帝。公元756年6月，安禄山攻进潼关，守将哥舒翰率领的20万人全军覆灭，叛军直逼长安。

唐玄宗没计划怎样平定叛乱，却带着杨贵妃、杨国忠等人偷偷地向四川逃跑。途中发生了马嵬坡事件，唐玄宗镇压不了士兵的愤怒，将杨贵妃和杨国忠处死，带着其他官吏逃到了

成都。长安失守后的7月13日，太子李亨在甘肃的灵武继位，这就是唐肃宗。叛军进入长安后，对人民任意杀戮，抢掠财物，焚烧住宅，使长安城变成了一座恐怖的城市。

公元757年正月，安禄山被他的儿子安庆绪杀死，9月，唐朝将领郭子仪率领部队和一部分回纥兵反攻长安得胜，接连收复了长安和洛阳，10月，唐肃宗回到长安。但叛乱并没有根本消灭。

李白对这次变乱感到非常愤慨，对人民遭受的灾难感到痛心，更对唐朝官军的无能和两京的失陷感到不满。他不赞成唐玄宗的那种逃跑的办法，他的著名的诗篇《蜀道难》就是为唐玄宗逃难入蜀写的，诗中说："问君西游何时还？""锦城虽云乐，不如早还家。"诗中竭力描写蜀中自然形势的险恶，"蜀道之难难于上青天"，然后说"嗟尔远道之人，胡为乎来哉！"而且剑阁虽然险要，但也可"所守或匪亲，化为狼与豺"，并不能把他当作可以苟安的保障。最后说"侧身西望长咨嗟"，他对此是深有感慨的。

李白希望对胡人能够采取抗击的政策，他相信这种抗击一定能够得到胜利，这种爱国精神促使他自己也很想去参加平乱，他也自信如果自己有权力，对平乱是会有一些办法的。这种满腔热情的爱国精神，促使他参加了永王李璘的起兵事件。

唐玄宗逃难到汉中的时候，为了整顿官军的力量，就下诏命永王李璘为山南东路、岭南、黔中、江南四道节度使及江陵大都督，保卫东南一带。永王李璘是唐玄宗的第16子，他作为亲王，也想趁机建功立业，谋取帝位。在接到唐玄宗的命令后，招募将士数万人，率领舟师顺江东下，想取金陵。

因为李璘是以起兵平乱为号召的，所以受到了许多人的赞成，有很多人都为抗敌来到了李璘的手下。李白始终怀着一颗为国效力、救民众于水火的雄心大志，始终在寻找施展自己远大抱负的机会，所以当

李白《蜀道难》诗意图 清·袁耀

李璘请他当幕僚的时候，他便答应下来了。他参与李璘的幕府，完全是出于爱国心的驱使，是想去消灭敌人的。在永王李璘的军中，他作有《在水军宴赠幕府诸待御》一诗，写他从军后的心境是比较清楚的：

月化五白龙，翻飞凌九天。胡沙惊北海，电扫洛阳川。虏箭雨宫阙，皇舆成播迁。英王受庙略，秉钺清南边。云旗卷海雪，金戟罗江烟。聚散百万人，驰张在一贤。霜台降群彦，水国奉戎旃。绣服开宴语，天人借楼船。如登黄金台，遥谒紫霞仙。卷身编篷下，冥机四十年。宁知草间人，腰下有龙泉？浮云在一决，

百马图　唐·佚名

誓欲清幽燕！愿与四座公，静谈金匮篇。齐心戴朝恩，不惜微躯捐。所冀旄头灭，功成追鲁连。

他的“灭旄头”和“清幽燕”的心是很坚定的，他不惜牺牲，不为当官，只愿尽量贡献自己的力量，这就是他开始参加到李璘幕府的心情。

看到李璘招募了大量的部队，唐肃宗害怕他和自己抢夺皇位，就命令他到四川去觐见唐玄宗，李璘没有听从他的命令。于是，唐肃宗就调动军队向李璘发动了进攻。

不久，永王李璘的兵败了，参加的人死亡了很多，

李白《静夜思》诗意图 清·石涛

静 夜 思

床前明月光，疑是地上霜。
举头望明月，低头思故乡。

余下的也都逃散了。李白自己也由丹阳匆匆地向南逃去，“草草出进关，行行昧前算。南奔剧星火，北寇无涯畔。”这时是公元757年2月，在永王的军中只有两三个月的时间，这位57岁的老诗人就经历了这样一场灾难。他逃到了彭泽，但随后就被捕了。据说因郭子仪的救助，才免于死罪，次年被流放到了夜郎。

在浔阳狱中时，当时的宣慰大使崔焕和御史中丞宋若思认为李白罪行比较轻，企图帮他获予赦免。那时宋若思正在率兵赴河南，还请李白参谋军事，并上书唐肃宗推荐他，但唐肃宗没有允许。李白在浔阳狱中有上崔焕的诗，说“能回造化笔，或冀一人生”，又有《上崔相百忧草》，其中说：“星离一门，草掷二孩。万愤结缉，忧从中摧！”又写有《为宋中丞自荐表》，用宋若思的口气上表说：“臣所管李白，实审无辜。……岂使此人名扬宇宙而枯槁当年！”他对自己的遭遇感到非常悲愤，他希望这些人能帮忙释放他。

这时，李白一家星散，使他感到很凄凉，想到这种黑白颠倒的社会，他非常气愤。长安、洛阳虽然都收复了，但国事并没有可以乐观的地方。当时回纥派兵帮助反攻的时候，就和唐肃宗约定，两京收复后，土地人民归唐朝，金帛妇女归回纥。因此洛阳收复后，回纥曾连续地抢掠了3天，而且也带来了以后长期的祸害。同时吐蕃也趁机占领了西北的地方，强大的唐朝已经变成了一个孱弱的国家了。国家的局势和自己的遭遇，都使李白感到气愤和郁郁不平，但他只能在狱中读些书，写点诗，听候别人的安排。

公元758年，58岁的老诗人开始了流放的生活。他由浔阳出发，经洞庭，过三峡，抛妻别子，走上了流放的长途，他说：“我愁远谪夜郎去，何日金鸡放赦回！”又有《流夜郎题葵叶》一诗：“惭君能卫足，叹我远移根。白日如分照，还归守故园。”触景生情，他觉得自己还不如向日葵可以用叶子来保护自己的根株。刚刚走到常德附近的木瓜山，他就说：“客心自酸楚，况对木瓜

腰佩刀的士兵（壁画） 唐代

山。”木瓜的味是酸的，但他的心更酸。“远别泪空尽，长愁心已摧。三年吟泽畔，憔悴几时回！”

烧梨联句　选自《帝鉴图说》

李白走的时候，他妻子的弟弟宗景送他，他作诗留别说：“惭君湍波苦，千里远从之”，又对宗景说很对不起他的妻子，“我非东床人，令姊忝齐眉。浪迹未出世，空名动京师。适遭云罗解，翻谪夜郎悲。”据有关资料记载，李白的第一个妻子是许氏，生一子一女，子名明月奴，女出嫁后就死了。后来又娶了刘氏，刘氏死后又在东鲁娶过妻，生有一子，大概就是诗中常常提到的稚子伯禽。最后又娶的是宗氏，他从宣城到庐山，就是和宗氏在一起的。以后宗氏即留居在豫章（今南昌），他对这次离别感到很难过，在途中又写了《南流夜郎寄内》一诗：

夜郎天外怨离居，明月楼中音信疏。北雁春归看欲尽，南来不得豫章书。

这种流放的确不知道什么时候才能回来，“夜郎万里道，西上令人老”，他这时已经58岁了，因此心中充满了生离死别的凄凉感觉。

侍马图 唐·佚名

流放后的第二年，李白还没有到达夜郎，走到巫山的时候，就遇赦了。这是因为册立太子和天旱而施行的全国性的一般的大赦。万里流放，一旦遇赦得归，他当然是很高兴的，他说：“去国愁夜郎，投身窜荒谷。半道雪屯蒙，旷如鸟出笼。”又说：“传闻赦书至，却放夜郎回。暖气变寒谷，炎烟生死灰。”而且立即就想到：“安得羿善射，一箭落旄头”。

精美工艺的杰作：唐三彩孔雀杯

遇赦后，李白经江夏、岳阳，最后又到了浔阳。他在江夏所作的诗中说："天地再新法令宽，夜郎迁客带霜寒"，"有似山开万里云，四望青天解人闷。人闷还心闷，苦辛长苦辛！愁来饮酒两千石，寒灰重暖生阳春。"经历了这次苦难，他的心境又和以前相似了，恢复了酣饮高歌的生活。

李白恢复了他一贯的乐观情绪。这时他遇到了一个11岁的孩子韦渠牟，觉得很聪明，便教给他"古乐府"方面的知识，李白待人一向是很热诚的。这时他仍然关注着国家的前途和命运，因为胡兵的叛乱还没有完全平定，他说："中夜四五叹，常为大国忧。"因此他希望能够出来做一番事业，他相信他仍然是有能

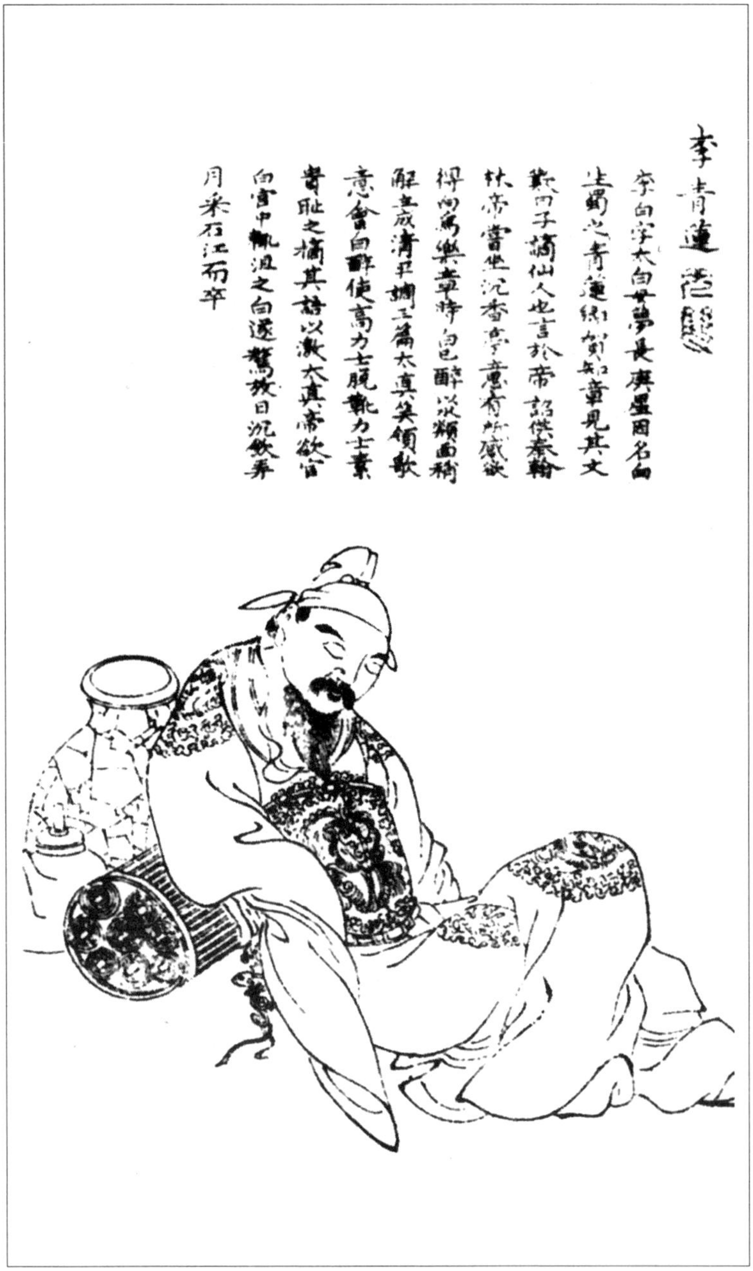

诗仙李白　选自清代金古良《无双谱》

力的；他还希望朝廷能够征召他，但这希望自然是要落空的，当时的统治者不会这样尊重人才。

凄凉暮年不减傲岸风骨

公元760年，李白已经60岁了，虽然已是暮年，但诗人慷慨高歌的壮怀仍未有丝毫的减退，他的豪放并没有让环境消磨掉，反而更加强烈了。他在诗中写道："烈士击玉壶，壮心惜暮年。三杯拂剑舞秋月，忽然高咏涕泗涟。"他的朋友任华说他："平生傲岸其志不可测，数十年为客未尝一日低颜色"，这句话基本概括出了李白一生的主要精神。到了暮年，他毕竟感到自己的抱负和理想很难有机会实现了，也多少有一些感慨，唯一能够给他以精神安慰的便是诗歌创作了。他认为自从《诗经·大雅》以后，可以作诗歌典范的作品太少了，自己应该有责任改变魏、晋以来只追求形式美的诗风，但又想到自己年力已衰，就不禁叹息"《大雅》久不作，吾衰竟谁陈"了。他对自己的创作主张和创作才能都是很自信的。

在诗歌创作上，李白反对模仿，认为模仿的作品不过像“东施效颦”“邯郸学步”一样，这样的雕虫小技是有害于作品的自然真实的，他也反对诗歌的形式主义，更反对把诗歌当成追求名利的手段。他觉得好的诗歌应该像《诗经》的雅、颂一样，能够代表那个时代，并且和世教有关，诗人应该有所创造，那才是诗。

李白从浔阳先到了金陵。“金陵空壮观，天堑净波澜。醉客会桡去，吴歌且自欢!”过的仍是饮酒游览的生活。他在游览过程中仍然流露出不少感慨，安史之乱仍在北方蔓延，国家糜烂，而自己却只能饮酒做歌，这种感慨自然就会生发出来。公元759年，史思明打败唐朝

双骑图　唐·韦偃

军队，杀死安庆绪，自己做了大燕皇帝。这时，洛阳又被占领了，局势严重起来。公元761年，史朝义杀死了他的父亲史思明，率兵向南骚扰，唐太尉李光弼率领百万大军，出镇临淮，抵抗史朝义的胡兵。李白听到这个消息之后，非常兴奋，他曾主动请求参加这场战争，但在半道上因为生病又回来了。这时他已经61岁了，虽然壮心未减，但身体明显地衰弱了。“天夺壮士心，长吁别吾京！”他叹息着离开了金陵，往来于宣城、历阳二郡之间，住的时间比较长的是宣城。

李白最佩服的诗人是南齐的谢朓，宣城是谢朓做过太守的地方，有很多遗迹都能够引起后人的怀念，因此他对宣城这地方是很有好感的。他诗中怀念和赞扬谢朓的地方很多，并对谢朓的诗歌艺术给予了很高的评价。他的《宣城谢朓楼饯别校书叔云》说：

弃我去者昨日之日不可留，乱我心者今日之日多烦忧！长风万里送秋雁，对此可以酣高楼。蓬莱文章建安骨，中间小谢又清发。俱怀逸兴壮思飞，欲上青天揽明月。抽刀断水水更流，举杯消愁愁更愁。人生在世不称意，明朝散发弄扁舟。

这首诗可以解释他喜欢谢诗的原因，也可以说明他

李白《秋登宣城谢朓北楼》诗意图 明·项圣谟

秋登宣城谢朓北楼

江城如画里，山晚望晴空。
两水夹明镜，双桥落彩虹。
人烟寒橘柚，秋色老梧桐。
谁念北楼上，临风怀谢公。

对谢诗的评价。他认为自从建安以后，诗就走上了追求绮丽的道路。但就这500多年中的诗人来说，只有谢朓的诗还可以说有清新的风格。

李白暮年的生活是很贫困的。在以前漫游的那些年中，因为他的社会声誉很高，诗名很大，因此每到一个地方，常常有一些地方官吏和文人武将招待他，赠送给他金银礼物等，他往往会赠人家一首诗，也就算是答谢了。但现在不同了，有很多人认为他是“从逆”过的，对他疏远了，因此他最后几年的生活过得很窘迫。有时连饮酒的钱也没有。有一次，他在路上遇到了他的一个远房外甥，想要一起去饮酒，但又没有钱，就把悬挂在腰间多年的宝剑拿出来换酒喝了。下面是他的《醉后赠从甥高镇》一诗：

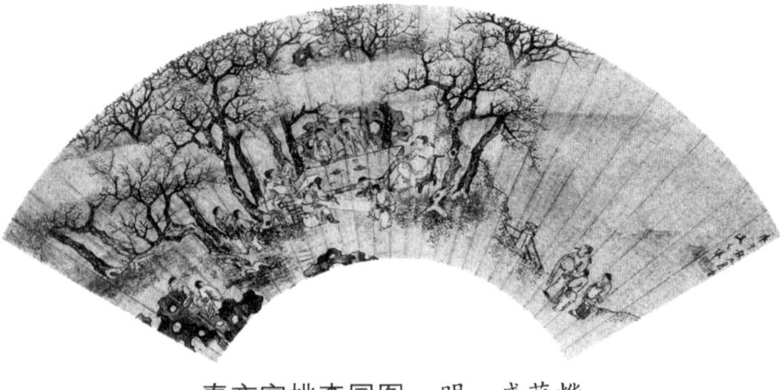

春夜宴桃李园图　明·盛茂烨

马上相逢揖马鞭，客中相见客中怜。欲邀击筑悲歌饮，正值倾家无酒钱。江东风光不借人，枉杀落花空自春。黄金逐手快意尽，昨日破产今朝贫。丈夫何事空啸傲，不如烧却头上巾。君为进士不得进，我被秋霜生旅鬓。时清不及英豪人，三尺童儿唾廉蔺。匣中盘剑装鲒鱼，闲在腰间未用渠。且将换酒与君醉，醉归托宿吴专诸。

从“醉归托宿吴专诸”这句看来，他这时是寄居在一位民间侠士的家里。暮年的李白似乎除了他所经常交往的而又非常鄙视的那个庸俗官吏的圈子以外，和劳动人民也有了经常的接触，而且似乎在那里得到了他所珍惜的一种真实纯洁的友谊。下面是他的《宿五松山下荀媪家》一诗：

我宿五松下，寂寥无所欢。田家秋做客，邻女夜春寒。跪进雕胡饭，月光明素盘。令人惭漂母，三谢不能餐。

他对那些贵族官吏们是“数十年为客未尝一日低颜色”的，但这次在田家受到这种简陋的招待时，他却为那种辛勤劳作和诚挚的感情而衷心地感到惭愧了。在宣

春夜宴桃李园图 清·黄慎

城，他写过《哭宣城善酿纪叟》，这个酿酒老人使李白很怀念："纪叟黄泉里，还应酿老春。夜台无晓日，沽酒与何人！"在安徽泾县，他和桃花潭的一位农民汪伦建立了深厚的交情，他的《赠汪伦》诗说："李白乘舟将欲行，忽闻岸上踏歌声。桃花潭水深千尺，不及汪伦送我情。"这样的诗在李白的集子中虽然不多，但他对这些人确实没有表现过傲岸的态度，而是流露出一种深厚诚挚的感情。

公元762年，因为衰病交加，生活太窘迫了，他就到安徽南部的当涂，去投靠他的一位族叔李阳冰。李阳冰在当时以善篆书知名，是当涂的县令。李白《献从叔当涂宰阳冰》诗中说：

小子别金陵，来时白下亭。群凤怜客鸟，差池相哀鸣。各拔五色毛，意重泰山轻。赠微所费广，斗水浇长鲸。弹剑歌《苦寒》，严风起前楹。月衔天门晓，霜落牛渚清。长叹即归路，临川空屏营！

他离开金陵时还得到过别人的一些馈赠，但“斗水浇长鲸”，无济于事，在流浪中早已花光了。这时他彷徨长叹，只能希望李阳冰来帮助他了。他到当涂后不久，就病重了。在病中他把诗稿都交给了李阳冰，这是他一生精力的结晶，他请李阳冰为他编集作序。就在这年11

李白《赠汪伦》诗意图　清·钱慧安

月，他病逝在当涂，时年62岁。在逝世前他作有《临终歌》：

大鹏飞兮振八裔，中天摧兮力不济。余风激兮万世，游抚桑兮挂石袂。后人得之传此，仲尼亡兮谁为出涕！

他一向爱以大鹏自比，在《大鹏赋》和《上李邕》诗中，都有相同的表现，他喜爱像《庄子·逍遥游》中所描写的“其翼若垂天之云”“抟扶摇而上者九万里”的那种自由无碍的伟大气魄。这表现了一种渴望摆脱社会羁绊和解放自己的要求，而且对于那种安于现状，像鸠鸟一样庸俗的人们表示了一种蔑视的态度。但现实是残

酷的，他虽然始终都有很强的自信力，而且富于乐观的情绪，但“中天摧兮力不济”，他知道自己的生命就要结束了。李白在这样的感慨中结束了一生。

这年官军收复了洛阳，是安史之乱的最后一年，但李白已经不能再关心这些事情了。他逝世后就葬在当涂县采石的龙山东麓。李阳冰把他的作品编为《草堂集》十卷，并写了一篇序，序中说：“当时著述，十丧其九，今所存者，皆得之他人焉。”可见，他的作品在当时已经失散了很多。

关于李白的死，后人有种种不同的传说，有的说“夜郎归未老，醉死此江边”，说他是饮酒过度死的；也有的说他是醉游采石江中，进入水中捉月亮淹死的。这些传说，都表示了后人对他的怀念，也清楚地显示了诗人李白在人民心目中的地位和评价。

对于自己的一生，李白说："岂使此人名扬宇宙而枯槁当年"，其实这就是他生平的真实遭遇。他虽然枯槁终身，但在他那些不朽的诗篇里，他已经"名扬宇宙"了。他在中国人民的心目中，一直都是一个有骨气的、正直坦率而又富有才能的伟大人物。

李白的诗歌中，虽然也有消极的一面，如对功名富贵及豪奢生活的羡慕，对于求仙访道和"及时行乐"的歌咏等，是应该加以批评的部分。但就他一生中的主要精神说，他从不甘于"摧眉折腰事权贵"，他要"不屈己、不干人"。他所憧憬的和不满的都是从当时现实出发的，因而在一定程度上也都反映出了当时人民的痛苦和愿望。而且更重要的是，他把这些内容用诗歌的形式表现了出来，写成了在艺术上有高度成就的诗篇，这就使他在人民心目中的形象更具体，而对后人的影响和感染力也就更大了。

李白《送友人入蜀》诗意图 清·袁耀

送友人入蜀

见说蚕丛路，崎岖不易行。
山从人面起，云傍马头生。

伟大一生诗仙光耀万年

在前面，我们概括地叙述了李白一生的主要经历和思想发展过程。李白之所以为人民所爱戴，主要是因为他创作了大量的光辉灿烂的诗篇，他是中国文学史上最著名的伟大作家之一。我们通过他的生平经历，更加深刻地理解了他那许多富有鲜明个性的作品。他的诗篇从来就被认为是诗歌的典范，他的名字向来是与屈原、杜甫等人的名字并列的。他那些著名的诗篇，都具有强烈的吸引人的力量，而且就是以这种艺

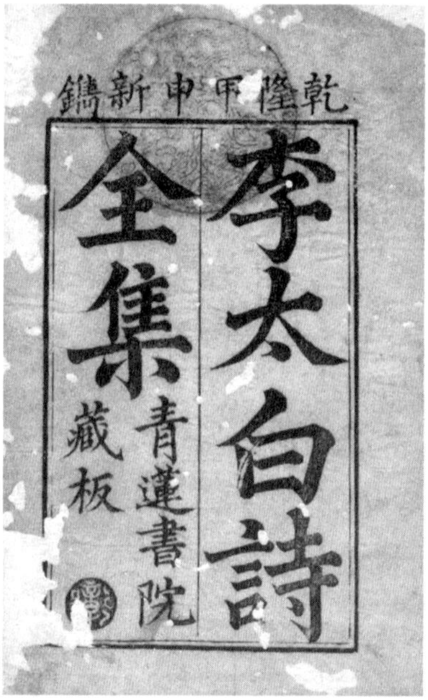

术力量，在历史上争取到了他自己的存在和地位。因此，在知道了他的生平之后，我们再来看一下他的诗歌的成就和特色。

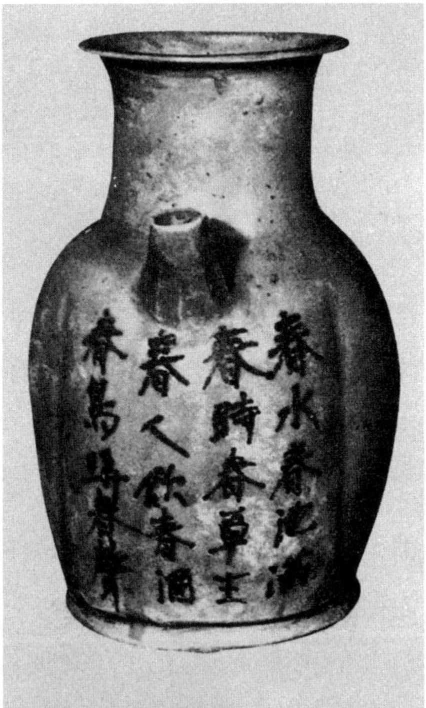

唐代诗文瓷壶

李白诗歌的一个重要的内容，是对风景优美的祖国山河的描绘与歌颂。他走过了很多地方，用他自己的话说，就是“观奇遍诸岳”。他对祖国的山河有一种强烈的热爱之情，他更善于用艺术的手法来表现那些美丽的景物，以引起读者对那些景物无限的热爱和向往。他所喜爱的自然景色，也并不是引导人远离现实，隐居山林的幽闲静谧的图案，而是那些“峥嵘崔嵬”的蜀道，“势拔五岳”的天姥山，“登高壮观”的庐山等，他自己喜欢那种雄伟壮丽，使人胸襟开朗的广阔的景色。

自然景物的壮丽也影响了他诗歌风格的形成，譬如下面的这首《望庐山瀑布》：

日照香炉生紫烟，遥看瀑布挂前川。飞流直下三千尺，疑是银河落九天。

他用单纯的语言和具有动感的形象，写出了壮美的自然景色，用银河做比喻也非常新鲜、具体。苏东坡曾称赞这首诗说："帝遣银河一脉垂，古来唯有谪仙词。"这首诗的确是将飞流直下的银河的景象生动地呈现出来了。李白写过很多描写自然景物的诗，这些诗都是富有那些景物本身的具体色彩的，这就需要作者能够把握住他所描写的那些对象的具体特点而又能用动人的形象和诗的语言来加以表现。在表现方法上，也是丰富多彩的，如另外一首也是写庐山瀑布的诗，就另有他的特点：

西登香炉峰，南见瀑布水。挂流三百丈，喷壑数十里。歘如飞电来，隐若白虹起。初惊河汉落，半洒云天里。仰观势转雄，壮哉造化功。海风吹不断，江月照还空。

前一首写的是远望的景象，写出了在阳光下面，满山烟雾，瀑布直下的壮观。这一首却是登峰近看，对于

李白《望庐山瀑布》诗意图　明·谢时臣

水流的急湍更易领会了。从近处举目仰观，瀑布显得尤为壮美。“海风吹不断，江月照还空”二句，不用比喻，只用白描和联想的手法，来写凌空而下的瀑布的实景，具有一种单纯自然的美丽。

李白善于写动态中的景物，比如《望天门山》一诗：

> 天门中断楚江开，碧水东流至此回。两岸青山相对出，孤帆一片日边来。

他这样写景物，就使读者像跟着摄像机镜头一样，使景物具有动感地呈现在面前，有一种置身其中的感觉。

他也常常用一种夸张的手法来形容他所写的对象，例如《西岳云台歌送丹丘子》一诗：

> 西岳峥嵘何壮哉！黄河如丝天际来。黄河万里触山动，盘涡毂转秦地雷。……巨灵咆哮擘两山，洪波喷流射东海。三峰却立如欲摧，翠崖丹谷高掌开。白帝金精运元气，石作莲花云作台。

还如《北风行》诗：

李白《望天门山》诗意图 清·石涛

日月照之，何不及此，惟有北风号怒天上来！燕山雪花大如席，片片吹落轩辕台！

这和我们所熟知的“白发三千丈”“蜀道之难难于上青天”等诗句一样，都是属于一种夸张的表现。这种写法可以使所写的对象非常突出，特别是在写雄伟壮丽的自然景物时，可以使诗意有开阖动荡的效果。这种夸张的写法又常常和他丰富的想象联系在一起，有时还运用一些神话传说等典故，这就形成了一种“壮浪纵恣”的多彩的笔锋，例如被人们所传诵的名篇《梦游天姥吟留

以狩猎图装饰的唐代高足银杯

骑马人物图　唐·佚名

别》就是这样。

他也常常把所描写的对象人格化，赋予人的感情，例如他的名句“相看两不厌，只有敬亭山”就是这样，不只是人在看山，敬亭山也在不厌地看人了。他经常都不是把自然景物只当成他所描写和刻画的对象，而是和他自己丰富的想象和诚挚的感情相结合的，这就使他的诗在艺术上也达到了高度的成功，富有感人的力量。

除了对祖国山河壮丽景色的描绘与歌颂外，李白的诗中表现最多的是一种对摆脱社会羁绊的渴求，对庸俗的人们的蔑视，对有才能的人在社会上得不到应有尊重的愤慨。这些思想常常借饮酒高歌的行为和游侠求仙的向往表现出来，而且这种表现往往又是非常强烈的。这些思想主要还是由他自己的遭遇出发，但在一定程度上反映了当时社会的真实面貌，而且也正是和当时人民的愿望相通的。这在他对唐朝统治者所发动战争的态度，以及在“安史之乱”时所表现的浓厚的爱国思想等方面，尤为直接和显著。他的思想是不断发展的，经过长期社会生活的磨炼，使他对当时的社会现实认识得比较清楚了，这种精神明显地表现在他的创作上面。因此，正如上面所说，李白的诗歌在风格和表现方法上都是富有浪漫主义精神的，但因为他根本上是从现实出发，也就鲜明地反映出了当时社会现实的面貌。可以说，他的作品正好给我们提供了古典作品中现实主义和浪漫主义相结合的典范。

艺术瑰宝：花鸟纹金壶

李白是一个个性很强的富有才能的人物，这也同样表现在

他的创作上，他的诗也是非常富有独创性的个性鲜明的作品。像他描写自然景物的那些诗一样，他的一些写个人感触遭遇的诗篇，也同样具有相似的风格特征和艺术特色。

在以抒发个人思想感触为主的抒情诗里，作者的感情必须是真挚的、热诚的，那样，才会有强烈的感染力量。历来评论李白诗的人，都说自然直率是他的风格特色，李白自己在评论别人的诗时也以“清水出芙蓉，天然去雕饰”为好诗的标准。所谓自然，应该包括两个方面的意义：第一，诗中的思想内容是真实的，感情是诚挚的，绝不是随声附和的、虚伪的。第二，是用单纯的诗的语言表达出来，并形成一种自然优美的风格的。在李白的诗篇中，这两点都表现得很明显，像“安能摧眉折腰事权贵，使我不得开心颜”“我欲醉眠卿且去，明朝有意抱琴来”这样的诗句，不仅情真意切，语言自然，而且也表现出了作者的个性。正因为他的性格是坦率的，他所要表现的感情是真挚的，因此他也就不屑于雕章琢句，而只用一种优美朴素的语言来表达他的思想感情，这就形成了他那自然单纯的艺术风格。

李白的很多诗都不大受格律的限制，在李白的诗集中，仅乐府诗就有149篇，约占全集的1/6，与乐府相近的诗行尚未计算在内。这就是因为乐府歌行这种格律很宽，字句不受限制，是一种比较自由的诗体，更适于表

达李白那种奔放的感情和壮阔的内容，也可以更自由地发挥他的创作才能。不只如此，就是他所写的五七言律诗，也往往是不拘对仗的。如《夜泊牛渚怀古》一诗：

牛渚西江夜，青天无片云。登舟望秋月，空忆谢将军。余亦能高咏，斯人不可闻。明朝挂帆席，枫叶落纷纷。

他是一个性格豪放的人，他不能容忍诗歌形式对诗歌内容表达的限制，他对诗歌的见解主张是这样，他的诗歌创作也是这样，这就形成了他诗篇中的那种“清水出芙蓉”的单纯自然的风格了。

从这里我们可以看到李白的诗歌和民间文学的关系

了。正因为他吸取了民间文学中的丰富营养，并给以集中和加工，就使他的作品不仅在内容上有和当时人民愿望相通的地方，而且在艺术上也具有符合人民美学爱好的特点。这是形成李白诗艺术特色的一个重要因素。

李白受《诗经》《楚辞》的影响是很深的，他的诗的精神特色有许多地方和屈原的作品相似。这首先是因为，他们都是抱有理想和才能在当世得不到公平待遇的人物，因此，那种热烈的情感和爱国的精神是相同的。其次，他们的想象力都很丰富，善于运用夸张的表现手法，诗篇中都具有浪漫主义色彩，因此在艺术特点上也有很多相同的地方。

正因为李白继承了以前的古典诗歌中的优良成分，

又汲取了民间文学的丰富营养，加上他自己在现实生活中的遭遇和经历，才形成了他那种豪放雄健而又单纯自然的富有创造性的诗歌特色。

李白诗歌的艺术成就，在中国诗歌传统中，可以说已经到达了高峰，在文学史上，也只有屈原、陶渊明、杜甫等少数几个人可以和他并称，而且也都是各自具有不同艺术特色的。他写了很多个性鲜明，富有感染力的诗篇，那种“黄河之水天上来”的豪放气魄，那种“青水出芙蓉，天然去雕饰”的自然单纯的风格，都对后世发生了很大的影响，那些诗篇也因此得到了历代人民的传诵与爱好，构成了我国古典文学传统中的一个重要组成部分。

李白《月下独酌》诗意图 南宋·马远

月下独酌

花间一壶酒，独酌无相亲。
举杯邀明月，对影成三人。

骊山避暑图 清·袁江

唐代时，在骊山建造了大量的宫殿楼阁以避暑游乐。

中华爱国人物故事

ZHONGHUA AIGUO RENWU GUSHI